LOS MEJORES DEPORTES DE LA ESCUELA SECUNDARIA

FÚTBOL

Un libro de Las Ramas de Crabtree

ESCRITO POR THOMAS KINGSLEY TROUPE
TRADUCCIÓN DE SANTIAGO OCHOA

CRABTREE
Publishing Company
www.crabtreebooks.com

Apoyo escolar para cuidadores y maestros

Este libro de alto interés está diseñado para motivar a los estudiantes dedicados con temas atractivos, mientras desarrollan la fluidez, el vocabulario y el interés por la lectura. A continuación se presentan algunas preguntas y actividades para ayudar al lector a desarrollar sus habilidades de comprensión.

Antes de leer:

- *¿De qué pienso que trata este libro?*
- *¿Qué sé sobre este tema?*
- *¿Qué quiero aprender sobre este tema?*
- *¿Por qué estoy leyendo este libro?*

Durante la lectura:

- *Me pregunto por qué...*
- *Tengo curiosidad de saber...*
- *¿En qué se parece esto a algo que ya conozco?*
- *¿Qué he aprendido hasta ahora?*

Después de leer:

- *¿Qué intentaba enseñarme el autor?*
- *¿Cuáles son algunos detalles?*
- *¿Cómo me ayudaron las fotografías y los pies de foto a entender más?*
- *Vuelve a leer el libro y busca las palabras del vocabulario.*
- *¿Qué preguntas tengo aún?*

Actividades de extensión:

- *¿Cuál fue tu parte favorita del libro? Escribe un párrafo sobre ella.*
- *Haz un dibujo de lo que más te gustó del libro.*

ÍNDICE

¡¡¡GOOOOOOOL!!! 4
Historia del fútbol 6
Temporada de fútbol 8
Equipos de fútbol de la escuela secundaria ... 10
Fundamentos del juego 12
Ofensiva 14
Defensa 16
Mediocampistas 18
Equipamiento y uniformes 20
Práctica y entrenamiento 22
Jerga futbolística 24
Eliminatorias y torneos estatales 26
Conclusión 28
Glosario 30
Índice analítico 31
Sitios web para visitar 31
Sobre el autor 32

¡¡¡GOOOOOOOL!!!

El balón es lanzado hacia ti. Recibes el balón y te diriges a la portería mientras un defensor se acerca rápidamente. Regateas y giras, amagando a tu oponente. Te levantas, pateas y el balón se eleva hacia la red. ¡El portero nunca lo vio venir! ¡GOL!

Ponte los tacos y haz un buen estiramiento. Estamos a punto de saber por qué el fútbol se encuentra entre los... MEJORES DEPORTES DE ESCUELA SUPERIOR.

DATO CURIOSO

El fútbol es el deporte más popular del mundo, con un número de seguidores estimado en cuatro mil millones de aficionados.

HISTORIA DEL FÚTBOL

El fútbol es uno de los deportes más antiguos que se siguen practicando hoy en día. Sus orígenes se remontan al año 206 a.C., cuando los soldados chinos jugaban al Tsuichu, que significa «patear la pelota». Fue el primer juego en el que no se permitía usar las manos.

En Europa y la mayor parte del resto del mundo, el fútbol se conoce con este nombre. En Estados Unidos y Canadá, el término fútbol se refiere al fútbol «gridiron», tal y como se juega en la National Football League (NFL). Con el tiempo, la gente de los dos países empezó a utilizar el término «soccer» para que no hubiera tanta confusión entre los dos deportes.

Balones de fútbol de épocas anteriores.

TEMPORADA DE FÚTBOL

En la mayoría de las escuelas secundarias, la temporada de fútbol comienza en otoño y se juega hasta el comienzo del invierno. Algunas escuelas secundarias tienen varias temporadas de fútbol que incluyen otoño, invierno y primavera.

Un partido típico de secundaria consta de dos periodos de 40 minutos, o de cuatro cuartos de 20 minutos con una prórroga de 10 minutos. La mayoría de las escuelas tiene un equipo de chicos y otro de chicas. Otros juegan al fútbol **mixto**.

DATO CURIOSO

Durante la Edad Media en Europa (500-1500 d.C.), los balones de fútbol estaban hechos de vejigas de cerdo infladas. ¡Asqueroso! En 1855, Charles Goodyear diseñó el primer balón de fútbol de goma vulcanizado. Gracias a su forma consistente, el balón fue mucho más fácil de patear y controlar.

EQUIPOS DE FÚTBOL DE LA ESCUELA SECUNDARIA

Las escuelas secundarias suelen formar al menos dos equipos de fútbol, dependiendo del tamaño de la escuela y del interés por este deporte. En los equipos universitarios suelen jugar los alumnos de tercer y cuarto año. Los atletas más fuertes de la escuela compiten en el nivel universitario.

Los equipos universitarios *junior* están formados por estudiantes de primer y segundo año. En este nivel, mejoran sus habilidades para poder probar en el equipo universitario en tercer o cuarto año.

En los partidos de fútbol de la escuela secundaria se utiliza un balón de fútbol para adultos talla 5. Tiene un diámetro de 8.6 a 9 pulgadas (22-23 cm) y una circunferencia de 27 a 28 pulgadas (69-71 cm). Normalmente hay tres balones disponibles para usar durante un partido en caso de que se pierda o se dañe un balón.

FUNDAMENTOS DEL JUEGO

Los fundamentos del fútbol son **sencillos**. Dos equipos de 11 jugadores compiten en una cancha grande con porterías en cada extremo. Los jugadores mueven el balón por el campo con los pies y chutan e balón a la red para anotar.

Cada gol vale un punto. Una infracción de las reglas puede resultar en un **penalti**, lo que da a un jugador un tiro libre a la portería. ¡Los árbitros vigilan la cancha durante los partidos para asegurarse de que se cumplan las reglas!

Las canchas de fútbol de las escuelas secundarias pueden tener diferentes tamaños. Tienen entre 55 y 80 yardas (50-73 m) de ancho y entre 100 y 120 yardas (91-110 m) de largo. En Estados Unidos, las normas son establecidas por la Federación Nacional de Asociaciones Estatales de Escuelas Secundarias (NFHS, por sus siglas en inglés).

OFENSIVA

Hay 11 jugadores de cada equipo en el campo de juego. Este es el aspecto de la plantilla **ofensiva**:

Delantero izquierdo: Situado al lado izquierdo de la portería del otro equipo, la función de este jugador es marcar. Los defensores lo perseguirán para que no haga goles.

Centro delantero: El centro delantero mueve el balón hacia el territorio contrario. Este jugador prepara los lanzamientos a la portería e intenta hacer goles.

Delantero derecho: Situado en el lado derecho de la portería, la función de este jugador es permanecer cerca durante las oportunidades de gol. Los jugadores rápidos que pueden **esquivar** a los defensores contrarios juegan como delanteros.

CENTRO DELANTERO

DELANTERO

Los jugadores ofensivos suelen ser los miembros más rápidos de un equipo de fútbol. Es necesario que sean capaces de realizar un disparo desde muchos ángulos. También tienen que asegurarse de que no los sorprendan por los lados.

DEFENSA

Como el fútbol se juega en todo el mundo, puede haber diferentes nombres para cada posición. A continuación, los nombres más comunes para la zona defensiva:

Zaguero:	Situado entre el portero y la línea defensiva, el trabajo del zaguero es «barrer» los balones que pasan más allá de la **defensa** principal.
Defensores izquiero y derecho:	Defensores en los lados izquierdo y derecho del campo cuyo trabajo es proteger su lado y al defensa central cuando sea necesario.
Defensa central (defensor central, lateral central, líbero):	El central juega en el centro de la línea defensiva trasera y puede quedarse atrás para defender la portería.

LATERAL IZQUIERDO

MEDIOCAMPISTAS

Los mediocampistas juegan exactamente donde uno esperaría: en el centro del campo. Funcionan como el eslabón que conecta a los jugadores ofensivos y defensivos.

Mediocampistas izquierdos y derechos (laterales volantes): Estos jugadores se colocan a lo ancho para evitar que la ofensiva del otro equipo corra por el centro. Su función es asegurarse de mantener el balón en el juego ofensivo.

Mediocampista central: Esta es una de las posiciones más difíciles del equipo. Este jugador puede jugar tanto a la defensiva como a la ofensiva, dependiendo de hacia dónde se mueva el balón. Un buen mediocampista central tiene habilidades de alto nivel en el manejo del balón.

MEDIOCAMPISTA CENTRAL

DATO CURIOSO

En Europa, un campo de fútbol a veces se denomina «pitch». Este nombre se remonta al siglo XIII en Inglaterra.

EQUIPAMIENTO Y UNIFORMES

El fútbol es un deporte rápido en el que los jugadores están corriendo constantemente. Para mantenerse frescos, suelen llevar camisetas de manga corta, pantalones cortos y medias largas. Los tacos se usan para un mayor agarre al césped y evitar que los jugadores resbalen.

Tacos

Las espinilleras se usan para protegerse de las patadas. Los protectores bucales protegen los dientes.

DATO CURIOSO

Los números de las camisetas de fútbol no son casuales. Suelen asignarse en función de la posición del jugador en el campo. Por ejemplo, el portero suele ser el 1, los jugadores defensivos son el 2-5, ¡y así sucesivamente!

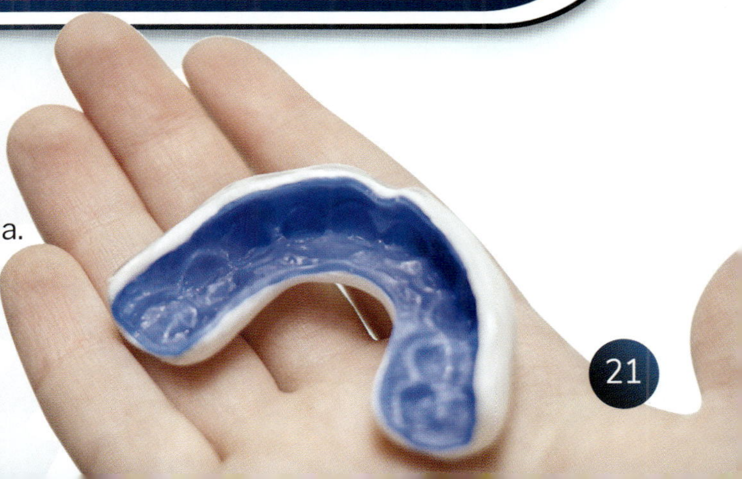

Un protector bucal a la medida.

PRÁCTICA Y ENTRENAMIENTO

El entrenamiento de fútbol se realiza después de la escuela y suele durar entre 60 y 90 minutos. Dado que el fútbol es un deporte que se puede practicar durante todo el año, el espacio de práctica puede ser al aire libre o en una cancha de fútbol en interior.

Durante la práctica, los jugadores trabajarán en el manejo del balón, los pases y los disparos. Debido a que la mayor parte del juego consiste en correr, los jugadores deben hacer muchos embalajes para mantener su **resistencia**.

JERGA FUTBOLÍSTICA

Al igual que muchos deportes, el fútbol tiene muchas frases interesantes que pueden confundir a los nuevos jugadores.

Estas son algunas de las más comunes:

Asistencia: Cuando un jugador le pasa el balón a otro jugador, quien marca el gol.

Amagar: Fingir que el balón viene hacia ti para engañar a un rival.

Cabecear: Golpear el balón con la frente.

Chilena: Una patada con voltereta hacia atrás que lanza el balón en dirección contraria.

Regatear: Mover y controlar el balón en la cancha con los pies.

Gambeta: Movimiento que hace un jugador para evitar que un contrario le quite el balón.

Penalti: Un tiro penal, a 12 yardas frente a la portería.

REGATEAR

CABECEAR

PENALTI

ELIMINATORIAS Y TORNEOS ESTATALES

Los equipos de fútbol de la escuela secundaria suelen competir con otras escuelas para ver cuál equipo es el mejor. Las escuelas pueden participar en las eliminatorias, campeonatos y **torneos** estatales.

Al igual que en muchas escuelas, los equipos se dividen en categorías dependiendo del número de estudiantes matriculados en la escuela secundaria. Las escuelas grandes se enfrentan a las más grandes y las escuelas más pequeñas compiten contra las pequeñas. ¡Esto permite una competencia justa!

DATO CURIOSO

¡En 2019, más de 459 000 chicos y más de 394 000 chicas de Estados Unidos compitieron en un programa de fútbol de la escuela secundaria!

CONCLUSIÓN

El fútbol es uno de los deportes más rápidos y competitivos que juegan los estudiantes de secundaria. Los jugadores necesitarán velocidad, resistencia y habilidad para que su equipo siga ganando. ¡El sudor y el trabajo duro valen la pena!

¿Demostrarás tus movimientos en el campo de fútbol? Tú y tu equipo podrían estar en la cima de un gran torneo. Con actitud ganadora y un poco de juego de pies, verás por qué el fútbol es uno de los ¡MEJORES DEPORTES DE LA ESCUELA SECUNDARIA!

GLOSARIO

defensa: Defender una portería contra el equipo contrario.

esquivar: Superar y dejar atrás a un oponente con velocidad y agilidad.

mixto: Algo que incluye tanto a hombres como a mujeres.

ofensiva: El equipo que posee el balón para intentar hacer un gol.

penalti: Castigo por infringir una norma en el fútbol.

resistencia: Capacidad de mantenerse en movimiento durante largos periodos de tiempo.

sencillos: Poco complicados y fáciles de entender.

torneos: Serie de concursos o partidos disputados entre equipos competidores.

vulcanizado: Caucho que se calienta con azufre para que sea más fácil de moldear.

ÍNDICE ANALÍTICO

defensa: 16
delantero: 14, 15
equipo(s) universitario(s): 10, 11
Goodyear, Charles: 9
juego de pies: 29
mediocampistas: 18
ofensiva: 14, 18
resistencia: 23, 28
tacos: 5, 20

SITIOS WEB PARA VISITAR

https://www.ducksters.com/sports/soccer.php

https://www.dkfindout.com/us/sports/soccer/

https://www.sportsrec.com/5093685/facts-aboutsoccer- for-kids

SOBRE EL AUTOR

Thomas Kingsley Troupe

Thomas Kingsley Troupe es el autor de muchísimos libros para niños. Ha escrito sobre todo tipo de temas, desde fantasmas hasta de Pie Grande, y de hombres lobo de tercer grado. Escribió incluso un libro sobre la suciedad. Cuando no está escribiendo o leyendo, hace mucho ejercicio y se acuerda de cómo derribaba mariscales de campo contrarios cuando estaba en el equipo de fútbol de la escuela secundaria. Thomas vive en Woodbury, Minnesota, con sus dos hijos.

CRABTREE Publishing Company

Written by: Thomas Kingsley Troupe
Designed by: Jennifer Dudyk
Edited by: Kelli Hicks
Proofreader: Ellen Roger
Translation to Spanish: Santiago Ochoa
Spanish-language layout and proofread: Base Tres

Photographs: Following images from Shutterstock.com: Cover background pattern and pattern throughout book © HNK, soccer ball on cover and title page Pasko Maksim, cover photo of male players © JoeSAPhotos, cover photo of female players © Monkey Business Images. Page 4 © Monkey Business Images, Page 5 top image © matimix, Page 7 bottom photo © verzellenberg, Page 8 top photo © Patsy Michaud, Page 9 © Larry St. Pierre, Page 10 top photo © Monkey Business Images, Page 10 bottom photo and Page 11 top photo © JustPixs, Page 13 © B[illegible].photography, Page 14, 17, and 19 diagram © hermanthos, Page 15 top photo © JoeSAPhotos, bottom photo © Larry St. Pierre, Page 21 illustration © Nattanopdesign, photo © baklykovadaria, Page 22 © matimix, Page 23 bottom photo © WoodysPhotos, Page 24 and Page 25 both top photos © JoeSAPhotos, Page 25 bottom photo © koonsiri boonnak, Page 26 top photo © JustPixs, bottom photo © matimix, Page 27 © Elkhophoto, Page 28 © JoeSAPhotos, Page 29 top photo © sirtravelalot, bottom photo © Larry St. Pierre. Following images from istock by Getty Images: Page 5 bottom photo © Ohme[illegible]1982, Page 8 bottom photo © KuntalSaha, Page 11 soccer ball © vlastas, Page 20 top photo and Page 23 top photo © matimix, bottom photo © venakr. Following images from Dreamstime.com: Page 12 photo © David Wood, diagram © Alberto Ragnoli, Page 17 photo © Thomas Carter, Page [illegible] photo © Robert Philip. Black and white photos Pages 6 and 7 photo courtesy of the Library of Congress.

Library and Archives Canada Cataloguing in Publication

CIP available at Library and Archives Canada

Library of Congress Cataloging-in-Publication Data

CIP available at Library of Congress

Crabtree Publishing Company
www.crabtreebooks.com 1-800-387-7650

Printed in the USA/062022/CG202[illegible]124

In Canada: We acknowledge the financial support of the Government of Canada through the Canada Book Fund for our publishing activities.

Published in the United States
Crabtree Publishing
347 Fifth Avenue, Suite 1402-145
New York, NY, 10016

Published in Canada
Crabtree Publishing
616 Welland Ave.
St. Catharines, Ontario L2M 5V6